Inhalt

Windenergie - Offshore-Industrie braucht Folgeaufträge

Kernthesen

Beitrag

Fallbeispiele

Zahlen und Fakten

Weiterführende Literatur

Impressum

Windenergie - Offshore-Industrie braucht Folgeaufträge

Anja Schneider

Kernthesen

- Derzeit werden in der deutschen Nordsee sechs maritime Windfarmen gebaut, für die Zeit danach fehlen die Folgeprojekte.
- Die junge Offshore-Windenergiebranche beklagt wirtschaftliche und politische Unsicherheiten, die zum Ausbleiben der Investitionen führen.
- Mittelständische Zulieferbetriebe müssen bereits Personal abbauen oder sogar Insolvenz anmelden.
- Die Offshore-Branche ist sich bewusst, dass sie schnell kostensenkende Industrialisierungseffekte realisieren muss.

- Europäisch betrachtet liegt die britische Offshore Windindustrie in Führung, während sowohl Frankreich als auch Deutschland Aufholbedarf haben.

Beitrag

Zehn Gigawatt Offshore-Windenergie bis 2020 unerreichbar

Es war einmal ein ehrgeiziges Ziel, das die deutsche Bundesregierung vor ungefähr zehn Jahren ausgerufen hatte: Bis zum Jahr 2020 sollen insgesamt 10 Gigawatt Windenergieleistung in deutschen Gewässern errichtet werden, bis 2030 sogar 25 Gigawatt installiert sein. 2 000 Windräder sollen sich drehen und so viel Strom erzeugen wie fünf Kernkraftwerke. Heute steht dahinter ein dickes Fragezeichen. Bislang konnten die Ausbaupläne nicht eingehalten werden. Die ersten Hochsee-Windenergieanlagen in Deutschland gingen 2010/11 im Testfeld alpha ventus und in den kommerziellen Windparks BARD 1 und Baltic 1 ans Netz. Zum Jahresende 2012 verfügte Deutschland über ein Offshore-Windportfolio von knapp 280 Megawatt, also nicht einmal drei Prozent des angestrebten Ziels. Erst knapp 60 der geplanten 2 000 Mühlen sind ans Stromnetz angeschlossen. Bis 2015 könnten in circa 13 Hochsee-Windparks in Nord- und Ostsee knapp 800 Windturbinen in Betrieb sein und eine Leistung von 3 228 Megawatt ins Netz einspeisen; damit wären dann 32 Prozent des Ziels erreicht. Die Offshore-Windenergie hängt ihrem Ziel also sehr deutlich hinterher. Die Branche selbst rechnet heute mit 6 000 Megawatt, maximal 7 000 Megawatt bis 2020. (1), (2)

Dabei hörte es sich so vielversprechend an, das Märchen von Wind und Meer als unerschöpflicher Energiequelle: Ein Heer von Windkraftanlagen dient uns als nahezu unterbrechungsfreie Stromlieferanten, weit draußen auf hoher See, von der Küste aus unsichtbar, grundlastnah in ihrer Leistung, umweht von reichlich Wind bei Flaute an Land, mit fast doppelt so hoher Stromausbeute wie die Windräder an Land, die Lösung aller Speicherprobleme, eine Energieversorgung ohne Atomstrom, ohne Kohlekraftwerke - eine Vision, so verheißungsvoll und scheinbar zum Greifen nah! (3)

Zulieferer geraten in Bedrängnis

Es war auch einmal ein großes Gefolge, das im Windschatten der Offshore-Windindustrie zur Hochform auflaufen wollte. Die Zulieferer,

Fundamente-Bauer, die Häfen an der Nordsee und Ostsee, die Werften und Reedereien, die Schulungseinrichtungen, Helikopter-Firmen, Service- und Wartungsbetriebe, Logistiker und wissenschaftliche Gutachter bereiteten sich auf den Boom der Offshore-Windkraft vor, kalkulierten ihre Gewinne und freuten sich auf das Wind-Schlaraffenland. Doch etliche müssen schon jetzt Federn lassen oder gar kapitulieren. Die Branche meldet Insolvenzen und Entlassungen. Die Fundamentebauer Siag Nordseewerke und Cuxhaven Steel Construction sind insolvent, ebenso die auf den Bau von Spezialschiffen fokussierte Sietas Werft, ein Werk für Windradflügel in Emden hat dichtgemacht, Weserwind in Bremerhaven macht Verluste und kündigt Entlassungen an, Stahl- und Anlagenbauer Ambau spürt die Krise in seiner Kapazitätsauslastung, bei Turbinenproduzent Repower mussten bereits Leiharbeiter gehen. Etwa 18 000 Menschen arbeiten noch direkt für die Offshore-Industrie. Gewerkschafter warnen, dass bis zu 5 000 Jobs verlorengehen könnten, wenn die Offshore-Windindustrie nicht in die Gänge kommt. Zumeist trifft es mittelständische Unternehmen. Freilich gibt es auch Gewinner. Siemens beispielsweise. Der Konzern beliefert fast alle neuen Windparks mit Turbinen und Fundamenten. Siemens produziert in Dänemark. Auch Areva Wind und Areva Blades als Produzenten von Turbinen und Rotorblättern für den

Offshore-Windmarkt stehen derzeit gut da und stellen sogar neue Mitarbeiter ein. (1), (2), (4)

Offshore-Windbranche muss böse Geister vertreiben

Eine Momentaufnahme der Lage auf hoher See sieht sehr gut aus. Gerade herrscht rege Bautätigkeit in Nord- und Ostsee. Sechs Windparks werden errichtet. Zusammen können sie rund zwei Gigawatt Leistung erbringen. Etwa zehn Milliarden Euro werden investiert. Aber: die Bücher für Folgeaufträge sind leer. Und das ist das große Problem. Die junge Offshore-Windindustrie fühlt sich ausgebremst. Immer wieder werden ihr Stolpersteine in den Weg geworfen. Die Aufbruchsstimmung der jungen Branche wird längst auf die Probe gestellt, Euphorie ist der Unsicherheit gewichen. Was ist passiert? Wer sind die bösen Geister im Märchen vom Meereswind?

Die Umweltengagierten, Tierschützer, Touristen: Sie wehren sich gegen Windräder in Küstennähe, beschimpfen die Horizontverschmutzung. Dies treibt die Offshore-Windindustrie weit aufs offene Meer hinaus, wo 60 Meter Wassertiefe, Nebel, starker Wind und meterhohe Wellen den Ingenieuren, den Geräten und dem Material sehr viel abverlangen. Deutschland wird damit nahezu ungewollt zum Offshore-Technik-

Pionier, denn Briten und Dänen wagen sich mit den Meereswindlieferanten gar nicht so weit ins offene Meer hinaus.

Die Übertragungsnetzbetreiber: Was nützt das Windrad ohne Netzanschluss? Zwei Jahre Zeit verloren hat die Branche mit der Diskussion um die seeseitigen Netzanschlüsse mit dem verantwortlichen Übertragungsnetzbetreiber Tennet. Der niederländische Netzbetreiber hat große Finanznot, konnte weniger Leitungen legen als geplant, hat gleichzeitig zu wenig Sicherheiten, um sich Geld im großen Stil bei den Banken zu leihen. Immerhin: Seit Anfang 2013 sind im Dritten Gesetz zur Neuregelung energiewirtschaftlicher Vorschriften die Haftungsregeln für den Netzanschluss klar gemacht. Im Zweifel muss ran: der Steuerzahler! (5)

Die Anlagenbauer: Siemens und ABB bauen unter anderem die Umspannstationen draußen auf dem Meer, technisch anspruchsvoll und Neuland. Die geplanten Bauzeiten konnten nicht eingehalten werden, die Folge: zwei Jahre Verzug. (1)

Die Minister Altmaier und Rösler: Ihre Ideen von der Strompreisbremse und dem Energie-Soli verschrecken die Investoren. Die machen ihr Geld nur locker, wenn sie Planungssicherheit haben. Die zu investierenden Summen sind hoch, betragen mehr als eine Milliarde Euro pro Windpark. Die Zeit bis Geld zurückfließt ist lang, mehrere Jahre vergehen bis zur ersten

Stromeinspeisung. Nun warten alle gespannt darauf, wie es nach der Bundestagswahl am 22. September weitergehen wird mit dem Erneuerbare-Energien-Gesetz und der Offshore-Förderung.

Die Studien: Immer wieder werden Studien veröffentlicht, die tatsächlich oder vermutlich gegen die Offshore-Windkraft sprechen. Eine aktuelle Studie des Umweltbundesamtes wird so interpretiert als favorisiere das Amt die Windräder an Land. Eine Studie der Agora Energiewende kalkuliert, dass die Verlagerung des Ausbaus von Windkraftanlagen auf dem Meer hin zu Windkraftanlagen an Land Kosten spare. Prompt sieht sich die Offshore-Branche erneut angegriffen und als Kostentreiber an den Pranger gestellt. (2), (6), (7), (8)

Meereswindkraft soll und will günstiger werden

Den Brancheninsidern ist durchaus klar, dass in den kommenden Jahren die Kosten zur Energiegewinnung auf dem Meer runter müssen. Die Offshore-Industrie ist jung, sie steht am Anfang ihrer Entwicklung, sie lernt permanent dazu, technische Innovationen kommen, daraus entsteht Potential zur Kostensenkung. Unternehmensberater von Roland Berger haben ausgerechnet, dass derzeit eine

Kilowattstunde Strom aus Offshore-Windenergie circa 14 Eurocent kostet. Schafft es die Branche, die Herstellungskosten für Offshore-Windenergie bis 2020 um rund 30 Prozent zu senken, so ließe sich ein Energiepreis von 9 Cent/kWh erreichen. Die Industrie braucht größere Windturbinen, neue Fundamentvarianten, eine effizientere Fertigung der Anlagen in Kleinserien sowie spezielle Errichtungsschiffe. Hinzukommen müssen neue Finanzierungsmodelle und stabile politische Rahmenbedingungen. Dann wäre Wettbewerbsfähigkeit in Sicht. Aktuell werden 70 Prozent der weltweiten Offshore-Windparks von großen Energieversorgern direkt finanziert, selten sind strategische Investoren oder Finanzinvestoren in Offshore-Projekten involviert, zunehmend werden sich Banken, Versicherungen und Stadtwerke engagieren müssen, so Roland Berger. (8), (9)

Beispielsweise haben sich der Baudienstleister Hochtief und Herrenknecht, der Weltmarktführer bei Tunnelvortriebsmaschinen, zusammengetan und eine neue Bohrtechnik entwickelt. Das OFD Offshore Foundation Drilling soll dazu führen, dass die Fundamente nicht mehr in den Meeresboden gerammt werden, sondern elegant gebohrt werden. Die neue Technik soll schneller sein, leiser und billiger, weil sie das Errichten der großen Windräder von Repower, Areva und anderen günstiger machen werde. (10)

Eine andere Herausforderung ist die verlässliche Erkundung der Bodenbeschaffenheit. Siemens musste diesbezüglich eine leidvolle Erfahrung machen und wenige Monate vor Baubeginn sein Installationskonzept für die geplante Umspannplattform Sylwin1 vor Sylt noch einmal grundlegend überarbeiten. Forscher vom Fraunhofer-Institut für Windenergie und Systemtechnik Iwes in Bremerhaven haben gemeinsam mit Kollegen von der Universität Bremen deshalb ein neues Verfahren entwickelt, mit dem sich der Baugrund wesentlich genauer inspizieren lässt als bisher. Die Wahl des optimalen Standorts der Windkraftanlagen draußen auf dem Meer könne mit der neuartigen Technik perfektioniert werden. (11)

Europa: Großbritannien in Führung, Frankreich und Deutschland mit Nachholbedarf

Das Deutschlands Offshore Windindustrie ihren Zielen gewaltig hinterher hinkt, fiel auch beim europäischen Vergleich auf, den die European Wind Energy Association (EWEA) für das Jahr 2012 erstellt hat. Europaweit stieg der Ausbau der Offshore Kapazitäten gegenüber 2011 zwar um 33 Prozent an, blieb aber unter den gesetzten Zielen. Positiv für Deutschland ist, dass Siemens Energy in diesem Markt etabliert ist und dem dänischen

Hauptwettbewerber Vestas Wind Systems das Leben immer schwerer macht. (18), [Abb. 1]

Übrigens: Während die Offshore-Windindustrie an der Vertreibung ihrer bösen Geister arbeitet, arbeiten die Forschungsgeister in den technischen Laboren auf Hochtouren weiter. Dort entstehen schon weitere Ideen, wie die Welt die maritime Windkraft für ihre grüne Energieversorgung nutzen kann: Energieschiffe, die im stürmischen Nordatlantik kreuzen, gerüstet mit Flugdrachen, angetrieben vom Wind, sie erzeugen mit Unterwasserturbinen Strom und wandeln ihn an Bord um in Wasserstoff, Methan oder Methanol. (12)

Trends

Unternehmensberater von Roland Berger analysieren einen Trend zu größeren Anlagen. Während Offshore-Windparks, die sich bereits in Betrieb befinden, eine durchschnittliche Kapazität von circa 200 Megawatt haben, liegt die Kapazität von neu genehmigten Windparks mittlerweile bei rund 340 Megawatt. Außerdem nimmt die Entfernung der Windparks von der Küste bei den neuen Projekten zu - von aktuell 60 km auf bis zu 100 km. Die Wassertiefe kann dann bis zu 45 Meter erreichen. (9)

Das Fraunhofer-Institut für Windenergie und Energiesystemtechnik (Iwes) hat als Trend die fortschreitende Spezialisierung der Anlagen ausgemacht, die sich nach den jeweiligen Standort- und Windbedingungen an Land und auf dem Meer richtet. Insbesondere im Offshore-Bereich rechnen die Fraunhofer-Experten für das laufende Jahr mit einem deutlichen Ertragszuwachs. (10)

Fallbeispiele

Eine kürzlich gegründete **Arbeitsgruppe Offshore-Ausbaupfad** soll in den kommenden Wochen Maßnahmen identifizieren und Lösungen erarbeiten, um der Politik Vorschläge zu unterbreiten, wie die Netzanschlüsse der Hochsee-Windparks und ein stetiger Ausbau der Offshore-Windkraft gesichert werden können. Beteiligt sind Übertragungsnetzbetreiber und Projektierer. Die vier Übertragungsnetzbetreiber 50Hertz, Amprion, TenneT und TransnetBW haben seit 2012 auf Grundlage des novellierten EnWG die Aufgabe, jährlich einen Netzentwicklungsplan Strom für den Ausbau der Übertragungsnetze an Land in den nächsten zehn bzw. 20 Jahren zu erarbeiten. Im Juli wurde der zweite Entwurf vorgelegt. Offshore-Windkraft Projektierer sind beispielsweise Bard, Dong, EnBW, Eon, EWE, Iberdrola, RWE, Stadtwerke München, Trianel, Vattenfall und Wind MW. Sie haben sich zusammengeschlossen in der Arbeitsgemeinschaft

AG Betreiber. (14)

Die Windenergie-Agentur **WAB e.V.** ist mit über 350 Unternehmen das wichtigste Industrie-Netzwerk für die Förderung der Offshore-Windenergie.

Der dänische Energiekonzern **Dong Energy** trennt sich von seinem Onshore-Windgeschäft und will sich auf das Offshore-Windgeschäft konzentrieren. Unter anderem plant das Unternehmen in der deutschen Nordsee den Bau der Windparks "Gode Wind 1 bis 3". (15)

Die fünf großen deutschen Stromversorger sind Eon, RWE, EnBW, Vattenfall und die Oldenburger **EWE AG**. Diese sieht sich mit der Beteiligung am Testfeld alpha ventus und mit dem eigenen Projekt Borkum Riffgat zwar als Vorreiter der Windkraft auf See, wird aber zukünftig den Windparks an Land den Vorzug geben. (16)

Der Offshore-Windpark **alpha ventus** hat es im vergangenen Jahr auf rund 4 500 Volllaststunden gebracht, das schaffen die meisten Kohlekraftwerke nicht. (3)

EWE hat für den Windpark **Borkum Riffgat** die erste Windturbine auf dem Fundament platziert, damit liegt der Energieversorger sogar im Zeitplan. Bis Ende Juli 2013 sollen alle 30 Windturbinen im Wasser stehen. (1)

Der Windpark **Bard Offshore 1** gilt als die derzeit größte Offshore-Baustelle der Welt, dort arbeiten etwa 400 Menschen daran, die 80 geplanten Windkraftanlagen bis zum Herbst 2013 in den Meeresboden zu rammen. Drei Milliarden Euro wird das kosten, geplant waren mal 1,5 Milliarden Euro. Bard Offshore 1 gehört der Bank, der Unicredit. (2)

In der Ostsee geht es zwei Jahre nach Inbetriebnahme von Deutschlands erstem kommerziellen Meereswindpark "EnBW Baltic 1" jetzt mit dem Projekt "**Baltic 2**" weiter. (4)

Zahlen & Fakten

Die Unternehmensberatung Roland Berger Strategy Consultants prognostiziert in einer neuen Studie "Offshore Wind toward 2020 - On the Pathway to Cost Competitiveness" der Offshore-Windbranche deutliche Kapazitäts- und Investitionszuwächse.
Europa: Vor Europas Küsten wird bis 2020 voraussichtlich eine Kapazität von rund 40 Gigawatt installiert sein. Das Investitionsvolumen in Europa verdoppelt sich bis 2020 von derzeit 7 auf rund 14 Milliarden Euro.
Welt: Weltweit wird das Investitionsvolumen auf etwa 130 Milliarden Euro ansteigen.

Asien: Dort erwarten die Experten, dass das Investitionsvolumen von aktuell 1,6 Milliarden Euro auf bis zu fünf Milliarden Euro pro Jahr zunehmen wird. (9), (17)

Der "Windenergiereport Deutschland 2012" des Fraunhofer-Instituts für Windenergie und Energiesystemtechnik (Iwes) errechnet dass 2012 die in Deutschland installierten Windenergieanlagen eine Leistung von 31 156 Megawatt erreichen und die Windenergie damit 7,7 Prozent des deutschen Stromverbrauchs deckt. Mit 959 neu errichteten Anlagen lag der Zubau leicht über dem Vorjahreswert. (13)

Abbildung 1: Offshore Windindustrie im europäischen Vergleich

	NREAP Target (MW)	Real Installations (MW) 2012
Belgium	503	380
Denmark	856	921
France	667	9
Germany	792	280
Ireland	36	25
Portugal	0	2

UK	2650	2948

Italic = Below targets

Quelle: EWEA/BMI Entnommen aus: Industry Trend Analysis, 29.01.2013 (18)

Weiterführende Literatur

(1) Mehr als ein Zwischenhoch?
aus www.powernews.org Meldung vom 16.05.2013 - 09:35

(2) Gegen Windmühlen
aus www.powernews.org Meldung vom 16.05.2013 - 09:35

(3) Meyer: "Die Bundesregierung untergräbt ihre eigene Offshore-Windpläne"
aus www.powernews.org Meldung vom 15.05.2013 - 14:44

(4) Schlechtwetterlage auf dem Meer
aus neue energie, Heft 6/2013, S. 68

(5) Die Haftung der Übertragungsnetzbetreiber für den verzögerten Netzanschluss von Offshore-Windenergieanlagen
aus - Zeitschrift für Neues Energierecht, Heft 02/2013,

S. 113-119

(6) Spielraum beim Erneuerbaren-Ausbau
aus www.powernews.org Meldung vom 28.05.2013 - 16:33

(7) Agora-Studie hält Offshore-Windenergie für zu teuer
aus www.powernews.org Meldung vom 05.03.2013 - 08:41

(8) Windkraft auf See fehlen Langfristzusagen, um wirklich durchstarten zu können
aus VDI NR. 25 VOM 21.06.2013 SEITE 11

(9) Studie: Offshore-Windenergie ist eine tragende Säule der Energiewende
aus WIRTSCHAFTS-INFORMATIONS-DIENST ENERGIE vom 13.Mai 2013

(10) Fundamentaler Fortschritt
aus neue energie, Heft 6/2013, S. 48

(11) Technik fürs Tiefgründige
aus neue energie, Heft 5/2013, S. 58

(12) Leinen los für die Energieernte auf See!
aus VDI NR. 26 VOM 28.06.2013 SEITE 3

(13) Windenergie-Zubau hält an
aus neue energie, Heft 6/2013, S. 67

(14) Offshore-Branche bildet Arbeitskreis
aus energate vom 20.06.2013

(15) Dong Energy verkauft Windsparte
aus energate vom 25.06.2013

(16) EWE kommt zurück an Land
aus www.powernews.org Meldung vom 24.04.2013 - 15:41

(17) Roland-Berger-Studie rechnet mit Offshore-Boom
aus neue energie, Heft 6/2013, S. 67

(18) 2012 Offshore Overview
aus Industry Trend Analysis 29.01.2013

Impressum

Windenergie - Offshore-Industrie braucht Folgeaufträge

Bibliografische Information der deutschen Nationalbibliothek

Die Deutsche Nationalbibliothek verzeichnet diese Publikation in der deutschen Nationalbibliografie; detaillierte bibliografische Daten sind im Internet über http://dnb.d-nb.de abrufbar.

ISBN: 978-3-7379-2394-1

© 2015 GBI-Genios Deutsche Wirtschaftsdatenbank GmbH, Freischützstraße 96, 81927 München, www.genios.de

Alle Rechte vorbehalten. Dieses Werk ist einschließlich aller seiner Teile – z.B. Texte, Tabellen und Grafiken - urheberrechtlich geschützt. Jede Verwertung außerhalb der Grenzen des Urheberrechtsgesetzes bedarf der vorherigen Zustimmung des Verlags. Dies gilt insbesondere auch für auszugsweise Nachdrucke, fotomechanische Vervielfältigungen (Fotokopie/Mikroskopie), Übersetzungen, Auswertungen durch Datenbanken oder ähnliche Einrichtungen und die Einspeicherung und Verarbeitung in elektronischen Systemen.